豆ずきん読本

髙田テルヨ

mamezukin tokuhon

takada teruyo

西日本出版社

世界に
ひとつだけの
愛しいものたち

豆ずきん【まめずきん】（名） 豆がさやからプチッと顔を出した豆の人形。豆ゆえに手足はなく、代わりに頭にホルダーをつけてお出かけをねだる。顔の表情や形は一つとして同じものはなく、またかなりの

オシャレさんで、フィードサックやヴィンテージのハギレをはじめ、
カラフルなプリント生地の「さや（ずきん）」を着ている。握られたり、
笑われたりするのが大好き。

はじめに

「ご職業は？」

と、聞かれて、

「豆ずきん作家です」

と答える。

だいたいの人が笑われるか、「え??」と不思議そうな顔をされる。

「豆ずきん」という人形を作る作家なのだから、

「豆ずきん作家」。

「雑貨作家」というのは、ちょっと違うような気がする。

「人形作家」というのも、しっくりこない。


いつからか私は、世界でたった一人の「豆ずきん作家」と、ごく自然に、かつわけのわからないまま、そう名乗るようになっていました。


私の手から、ひょっこり生まれた「豆ずきん」。

手も足もなく、ぷっくりした体からさまざまな表情の顔をのぞかせるこの小さな人形が、裁縫の苦手な、人形やぬいぐるみになんの興味もなかった私から生まれたことは、未だに不思議でなりません。

けれど、間違いなく、この不器用な手から生まれた小さな人形は、私をにんまりと笑わせてくれて、周りの人たちを和ませて、今では私の知らない街の、会ったこ

Introducción

ともない人たちの手の中で、かわいがってもらっているのです。

私の生活も、豆ずきんの登場によってすっかり様変わりしました。

毎日を豆ずきん制作に捧げる日々です。

雑貨も好きになったし、人形やぬいぐるみだって気になります。生地の世界にもぐいぐいと惹きこまれていきました。

今では、豆ずきんなしの生活なんて考えられない。

豆ずきんを作りながら、どっぷり「豆ずきん中毒」になっている私。

そして、私と同じような人が徐々に増えてきているらしい……。

豆ずきんって、いったい何者??


そんな小さくてへんちくりんな人形「豆ずきん」によって生まれた摩訶不思議な話をちょこっとお話ししたいと思います。

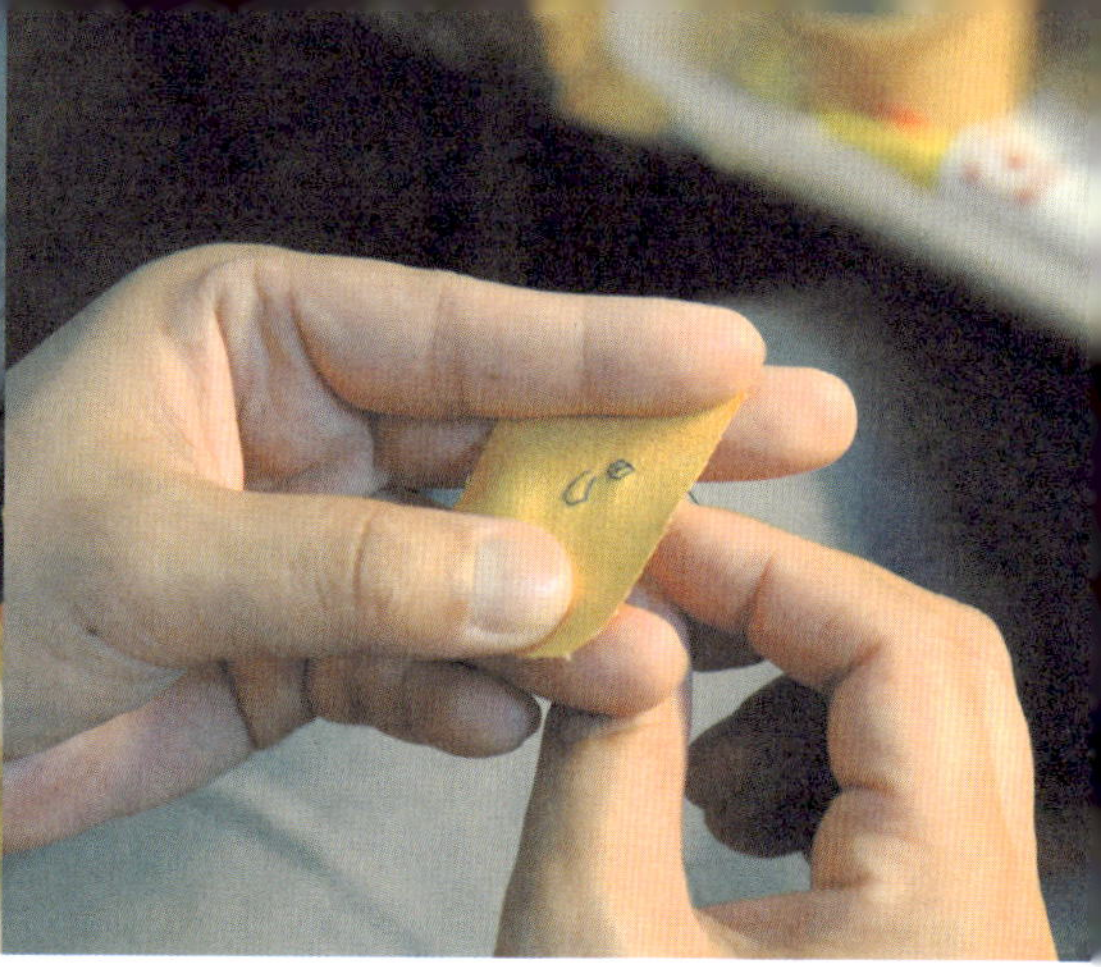

もくじ

1.

豆ずきんが生まれるまで

Hasta que "MAMEZUKIN" nace

豆ずきんの復活

それは、2002年の4月のことです。

「昔作っていたあのヘンな人形、また作ってよ」

そう声をかけてきたのは、私の姉でした。

姉は当時、「piccolo…」という洋服のブランドを作って、友人のアクセサリー作家さんといっしょに「かぎりある店」というイベントを定期的に開いていました。

私の方はといえば、その年の3月で2年半働いていたレコード店を辞めて、まったくの無職。

仕事を辞めた当初は、

「今度こそ自分しかできないような仕事を見つけよう！」

と意気込んでいたものの、実際は自分が何をしたいかもわからず、ただ、将来の不安だけがどんどんと膨らんでいって、体も心も動かない……。

「いわゆるこれが、引きこもりってやつか？」

などと、自問しながら無意味な時間をただただ過ごしていた時期でした。

そんな私を見かねてかどうかはわからないですが、イベントの準備で忙しくしている横で、つまらなそうに暇をもてあましている私に、姉は一つの仕事を与えてくれました。

「豆ずきんを作ること」

昔々に、私が作った小さな人形。その存在を、姉は覚えていたのでした。

あの小さな人形を、洋服を作って残ったハギレを使って作ればかわいいのではな

La resurrección de "MAMEZUKIN"

いか？　小さい人形だから場所も取らないし、レジの横にでも置けばみんなの目に留まるだろうし、暇ならば作ってみれば、と言ってきました。

「そういえば、そんな人形作っていたな……」

実のところ、作った本人の方はそんな人形を作ったことさえすっかり忘れており、

「私が作った人形なんて売れるのか？」

と思いながらも、どうせやることもなく暇だったので、私は重い腰をあげ、ずっとしまってあったお裁縫道具を引っぱりだして、昔の記憶をたどりながら、チクチクと作りはじめたのでした。

こうして豆ずきんは、姉の一言でひょっこりと復活することになったのです。

これから豆ずきんがどうなるかも、知らずに……。

大学を出たものの……

少し時間をさかのぼって。

それは、「かぎりある店」で豆ずきんが商品として並ぶ7年前のこと。

豆ずきんは復活した時と同じように、誕生した時もまた、ひょっこりと思いがけず生まれたのでした。

1995年の春に美術系短大を卒業した私は、その時もまた、無職でした。

短大で専攻していた陶芸を続けていこうか、それともきっぱり諦めようかと、心

Después de la graduación

を燻らせながら、だらだらと有り余る時間を過ごしていたのでした。

陶芸というと、「器を作る」というイメージが強いと思いますが、私が大学で作っていたのは、土（粘土）を使った立体表現、いわゆるオブジェのようなものでした。もちろん、陶器作りも教わりましたし、同級生には、陶器製造の会社に就職した人もたくさんいましたが、陶器よりも抽象的なものに惹かれていた私は、「会社に就職する」という進路に積極的になれず、かといって陶芸のできる場所を探して、自分で窯を持って活動しよう！　という意欲もそれほど持てませんでした。とりあえず、何もせずに家にいることはできないからと、私は陶芸とは関係のないアルバイトをはじめ、立派な「フリーター」になったのでした。


ちょうどバイトをはじめてしばらくたったある日、他の美術系大学に通う知人が、彼の地元である岡山でグループ展を開くので参加してみないか？　と私を誘ってくれたのでした。卒業してから制作活動らしいことを何もしていなかったし、短大で学んだ陶芸をこのまま活かさずにいるのもなんとなく寂しかったので、私は参加してみることにしました。

といっても、陶芸をするために必要な窯や制作場所もないし、新しい作品のアイディアも浮かんでこない。そこで私は、大学時代に作りかけていた未完成の作品を仕上げて出品することにしたのです。グループ展に出品するといっても、もともとあったものをちょちょいっと仕上げただけの作品ですから、その制作意欲と同じく、展覧会の準備もほとんど参加せず、作品の搬入すら主催の知人に預けただけで、まるっきり人任せでした。

作品を作るアーティストとして第一歩を踏み出す機会をせっかく与えてもらった

にもかかわらず、この体たらくです。好きなはずなのに熱くなれない。アーティストとして生きていきたいという願望とは裏腹に、ちっとも前へ進んでいく気になれない。けれど私は、心の奥でその理由にうすうす気づいていました。

大学の卒業制作で見た同級生の作品は、同じ2年間を勉強してきたとは思えないほど、見るものをアッと驚かせる力があり、私はとてもショックを受けました。それに比べて自分の作品の未熟さに気づかされ、自分の生み出した「形」というものが、本当に表したいものなのか、わからなくなってしまいました。そうなると全ての人の作品がよく見えて、短大を卒業する頃には、

「私には陶芸の才能なんてないのかもしれない……」

とさえ思うようになっていました。けれど、そう思いながらもそんな自分を認めたくない、ばっさりと陶芸を諦めきれない自分もいて、心は宙ぶらりんだったのだろうと思います。そんな自分の気持ちをごまかしながらの参加ですから、

「ま、こんなもんでしょ」

と強がって「テキトー」にやっているフリをしていたんですね。その実、内心は中途半端な作品に、自分の力量をまざまざと見せつけられたようで、落ち込んでいました。本当は、人の作品がどうとか、才能があるかないかということではなく、未熟であっても自分を信じて、前へ進もうと努力しなかったことが一番の原因だったと今なら思います。

小さな挫折感。

結局、私が作った陶芸作品は、これが最後となりました。

ワークショップで大ピンチ！

意欲的に参加していないグループ展とはいえ、卒業後はじめての作品展です。会社勤めをしていない分、時間はたっぷりあるということで、せっかくだからと、いっしょに参加していた大学時代の同級生と共に、岡山へ展示を見に行くことにしました。気分は、ほとんど日帰り旅行です。

展示会場に到着し、一通り展示されている作品を眺めて、

「ま、こんなもんだろう」

とさして思うところもなく、それよりも気になる岡山観光（笑）。さて、どこへ行こうかと考えながら会場を後にしようとすると、主催者の知人が、

「ワークショップをしているから、参加していってよ」

と声をかけてきました。

その時行われていたワークショップというのは、用意された材料を使って自由に作品を作り、会期最終日にみんなで集まって批評しあう、というものでした。

特に予定を決めていたわけでもなく、時間もまだたっぷりあったので、じゃあ、ちょいと参加するか、と気軽な気持ちでやることにしました。広い会場の一角に置かれた長机の上に雑然と「材料と道具」が用意されていて、それらで作った作品が何点か飾られていました。その時用意されていたものを見て、私は思わずたじろいでしまったのです。

「え？　これで作るの??」

Gran apuro en el lugar de trabajo

用意されている材料……、それは使い慣れた粘土や絵の具や紙ではなく、なぜか布や綿、そして裁縫道具が置かれていました。なぜ、裁縫道具が用意されていたのか？　何を意図したものだったのかは、今となってはわかりません。その時、主催の知人にその理由を聞いたかどうかも覚えていないくらい、とにかく困ってしまったことだけ、鮮明に覚えているのです。

なぜなら、私はお裁縫が大の苦手だったのです。ボタンつけくらいしかできないし、興味もまったくありませんでした。手芸なんて、かわいい女の子がすることで、私みたいな女性らしさのかけらもない人間がするもんじゃない、私とは別世界のものなのだと思っていました。その大の苦手な裁縫をして作品を作れということは！　ただでさえ自分の表現に対する自信をなくしかけているというのに……。

「こんなのじゃ、できないよ」

と心の中でつぶやきながらも、単に裁縫が苦手、という些細な理由だけで、逃げ出してしまうなんて、かっこ悪くて言い出せません。

「せっかく来たのだから、とにかく下手くそでもいいから、何か作ればいいんだ。最終日の品評には私は立ち会わないし、誰に何を言われようが、作品を笑われようが、私が直接聞くわけじゃなし……」

と心の中で誰に言うわけでもない、情けない言い訳をしながら（笑）、私は、制作にとりかかることにしました。

豆ずきんの誕生

とりあえず、置いてあった生地を手に取り、思うがままにはさみを入れて切っていきました。布の色が黄色だったせいでしょうか、ちょうどバナナのような形になりました。そしてはさみを針に持ちかえ、おぼつかない手つきで周囲を縫っていきました。このまま縫い合わせたらただ布の周りを縫っただけになるので、それを裏返して綿を詰めたら、なんとか形にはなるな……と、口を3センチほど開けて、そこから裏返し、その口から綿をぎゅっぎゅっと詰めていきました。

「で……、それから?」

要するに私は、最初の通り、バナナのようなものを作ろうとしていたのですが、それには、綿を詰めた口の部分縫い合わせて閉じなければなりません。

しかし私はその時、その閉じ方を知らなかったのです。

ぱっくり開いた口から綿が飛び出しています。これで作品とは決して言えません。

「この口の部分をふさがなければ、さすがに完成なんて言えないわ……」

とにかく、何が作りたいのかはわからないけれど、これは誰が見たって未完成の形です。縫い合わせ方がわからないのがバレバレです。

「綿が飛び出た形にしたかった。これが私の芸術なのだ」

なんて言ってごまかす? いやいや! そんな嘘、さすがにつきたくはない(笑)。

苦しまぎれに私が考え出した結論、それは、その口に蓋をする。

違う色の生地を小さく切って、ちょうどひじ当てをするような感じで閉じてしま

Nacimiento de "MAMEZUKIN"

えばなんとか形にはなりそうです。

「ああ、こんなことなら、お裁縫をきちんと習っておくべきだった、しかも、何を作ってるんだか自分でもわからないものを人様に見せるなんて恥ずかしい……。やっぱり私は芸術の才能なんてないんやぁ！」

と心の中でしょんぼりしながら、この出来損ないのバナナをどうしたものかとぼんやり見ていると、一つのイメージがぽかんと浮かんできました。

「この開いた口のところ……顔みたいやな」

不器用な手で作られたバナナのようなものは、よく見るとバナナというよりも空豆のさやに近い形でした。開いた口の部分が、ちょうどさやが開いてぷちっと豆が顔を出しているように見えてきました。

「この当て布に、顔を描いたら面白いかもしれない」

やっと浮かんだ唯一のアイディアに、私は少しほっとして、とにかく苦手なんて言ってられない！　作品として仕上げて帰ろう！　と、その当て布に顔を描くことにしました。手芸材料しかないと思っているので（実際にはペンや鉛筆もあったかもしれません）、私は、針と糸を使って、絵を描くように顔を刺繍していきました。もちろん、刺繍なんて生まれてはじめてしました。けれどなぜだか、「顔を描く」と思ったら、すいすいと刺繍の手は進んでいきました。今の豆ずきんよりもずっといびつで、へたくそな刺繍でしたが、それでも一応顔ができあがり、それを開いた口の部分に埋め込んで、周りを縫い合わせて、ようやく作品ができあがりました。

これが、豆ずきん誕生の瞬間です。

苦手と無知

改めて豆ずきんが生まれた時のことを思い出すと、なんともお粗末で私らしいな、と思います（笑）。豆ずきんは、私の裁縫に対する苦手意識と無知から生まれたといったところでしょうか。困り果てた末の馬鹿力とも言うかもしれません。

今でも、なぜあの時、開いた口の部分を顔だと思ったのか、そして、その顔をわざわざ苦手な針と糸で描こうとしたのかわかりません。布と糸と綿、という私にとっては未知の素材がよかったのでしょうか。

それとも芸術という枠にとらわれすぎていた私の頭が、苦手なものを目の前にして困惑し、真っ白になったおかげで、そこから抜け出せたからかもしれません。

「これ私が作ったたん？」

できあがったこの人形を見て、私は正直驚いてしまいました。この時には、まだ「豆ずきん」という名前までは思いつきませんでした。それよりも、今さっき、自分で作った人形であるにもかかわらず、自分が作ったことさえ信じられないくらいでした。

とてもうまい縫製とはいえないし、できあがったものが何であるか説明もできないけれど、それはなぜだか私をとても満足させ、ちょっぴりだけど幸せな気持ちにもしてくれました。

なんとも奇妙な人形です。手足もないし、人形と呼ぶには躊躇するほど、へんてこりんです。かといって、芸術作品ともいえないこの人形。なぜこんなものを作ったのかわからないけれど、なかなか面白いではありませんか。誰に教わったわけで

Debilidad e ignorancia

もない、私のオリジナルの人形です。私は自分の裁縫が苦手だったこともすっかり忘れて、もう1つ、また1つと作っていきました。

久しぶりに味わうもの作りの楽しさと、このへんてこりんな人形の面白さに惹かれて、初めの困惑ぶりはどこへやら、夢中になってちくちくと刺繍をし、4人の人形がその時に生まれました。

会期が終了し、岡山から人形が私のもとへ返ってきました。

ワークショップの合評会でも、なかなか好評だったようで、主催の知人が1人ほしいと言ってくれました。一緒に参加した友人も気に入ったようで、私も欲しいと言ったきたので、1人ずつプレゼントしました。そうして、私の手元には2人の人形が残りました。

今でもその2人は、私の手元にあります。今よりもずっとずっとへたくそな縫製だし、顔の刺繍もいびつで、今の豆ずきんとはまるで別物のようですが、それでも、やはりこれが豆ずきんの原点。今でも大切に箱の中にしまってあります。そして、たまにちらりと箱の中を覗いては、あまりのへんちくりんさに、「さすが初代!」と、感心しているのです(笑)。

豆ずきん写真館〜にんまり編

el Museo de fotografia
de "MAMEZUKIN"

豆ずきん、バス停の一コマ

豆ずきん、球場までのバスを待つ

豆ずきん、集う

豆ずきん、ポジションを相談

豆ずきん、酔う

豆ずきん、佇む

豆ずきん、自慢の盆栽の前にて

豆ずきん、わびさびを考える

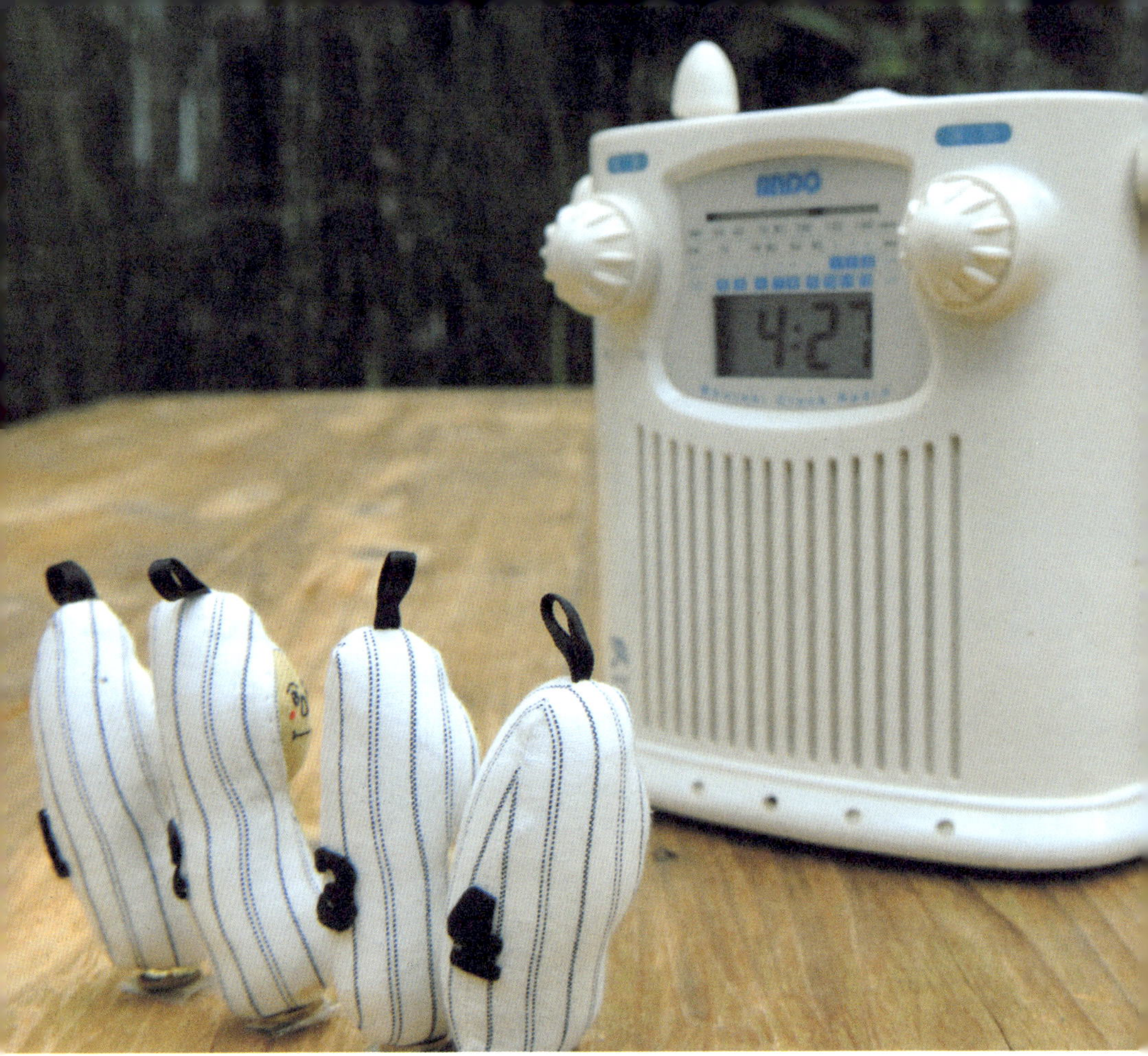

豆ずきん、ラジオ中継にて野球を応援

豆ずきん、ゴロ寝

豆ずきん、見られる

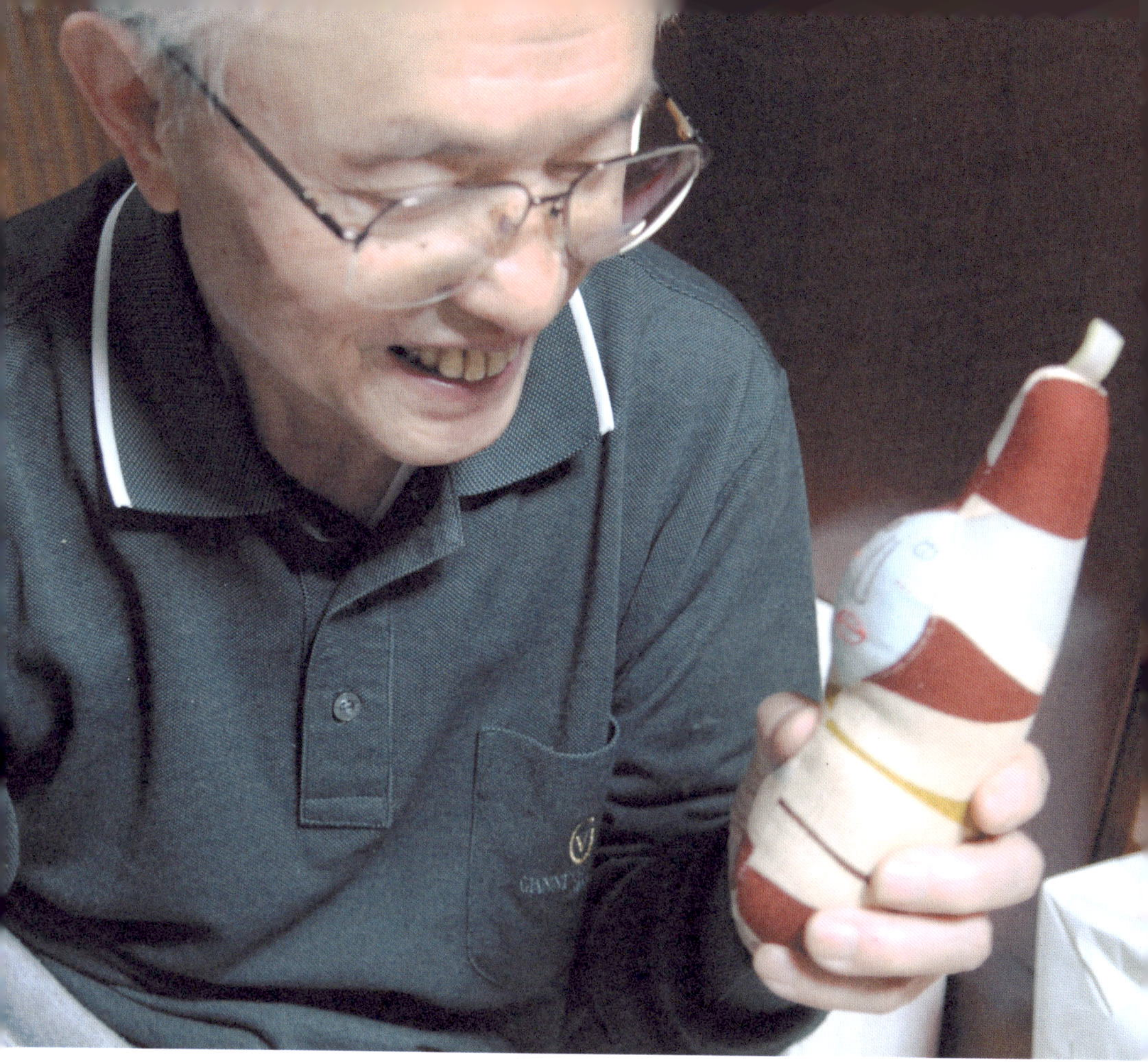

豆ずきん、見られる

豆ずきん、酒つぼの中で酔う

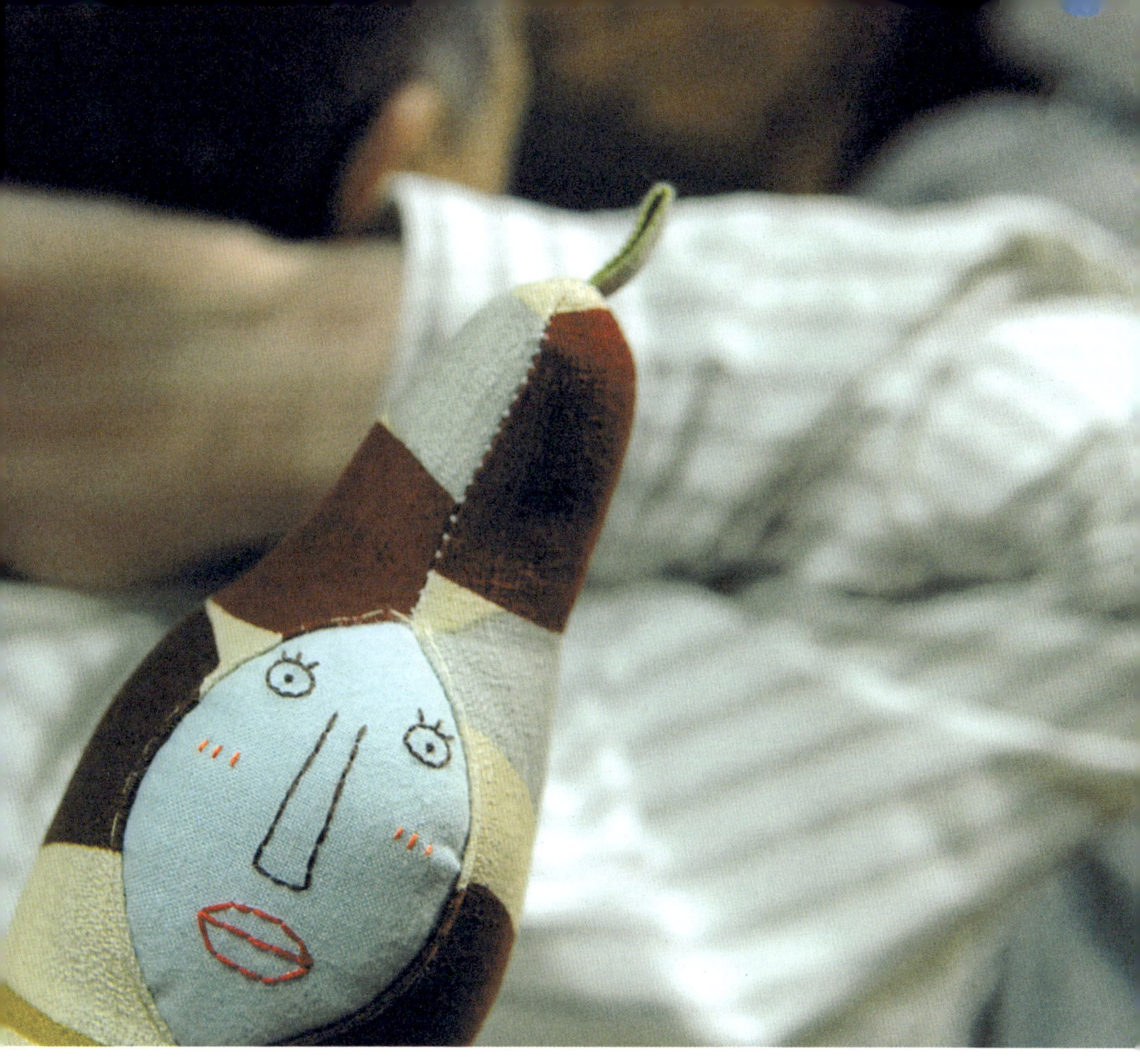

豆ずきん、父を隠し撮りする

豆ずきん、癒される

豆ずきん、おいしそうな実を見つける

豆ずきんの使い方

「こんなへんちくりんな人形に使い方なんてあるの？」

と、お思いのアナタ！　豆ずきんは、そんじょそこらの人形とは違います。このシンプルすぎるほどの形、そして、個性あふれる顔の表情。この子たちの姿をじっと見つめていると、なぜだかいろいろいじってみたくなるのです。豆ずきんの方はといえば、のほほんとぶらさがっているか、ころころと転がっているしか能がない、役立たずモノなのですが、それでもなぜだか笑えてきて、ニヤリとしてしまったり、思わず突っ込んでみたくなったりと、日々の生活の中にちょこっと笑顔を運んでくれる、なかなかいい奴なのです。

はじめて作ったときは、豆ずきんの使い方なんて考えもしなかったけれど、ふとしたきっかけから浮かんだり、知らず知らずに使っていたり、また、お客さんから使い方を教えてもらったりと、豆ずきんの仕事（!?）も徐々に増えていきました。

そんな豆ずきんのお仕事をご紹介していきましょう。

意外と実用的!?編

携帯電話のストラップにする

これが一番多い使い方でしょう。頭にホルダーをつけたことによって可能になった豆ずきんの一番のお仕事。荷物でいっぱいのカバンの中で、鳴っている携帯がなかなか見つからない時に、

「ここだよ～」

とその場所を教えてくれます。携帯電話の方が大きくても、なぜか豆ずきんの方が見つ

けやすいのです！　これは、本当。自己主張が強いからでしょうか？　そんな役目をしつつも、実は、その電話での会話を盗み聞きしている奴も……。アナタの全てを豆ずきんは知っていますよぉ〜（笑）。

カバンにつける

これもホルダーによって可能になりました。特に飛行機で旅行に出かける際に、トランクやバックパックなどの荷物を預けますよね？　そこに豆ずきんをつけておくと、飛行機を降りて引き取る時に、ベルトコンベアーで流れてくる自分の荷物を発見しやすい！　トランクやバックパックってけっこう似たり寄ったりですから、たまに間違ってりしませんか？　そんなトラブル防止に一役買います！

キーホルダーにする

これまた、携帯電話、かばんに続いてのぶらさがるお仕事です。役目は単なるキーホルダーですが、落としたり忘れたりした時には、他のキーホルダーよりも自己主張が強いし、同じものがないので、見つけやすいのです！　そして、拾ってもらった方には、ちょっとニヤリとされます（笑）。誰もがちょっと気になるこのへんてこりん加減に「こんなもん持ってる人って、どんな人？」と落とし主を積極的に探してくれるとかくれないとか……。

ちょっぴり楽しい♪編

人形として使う

これはまっとうな使い方です。とっても弾力のある綿が入っているので、握っているとけっこう気持ちよくて、ちょっぴり癒されます。嫌なことがあった時には、強く握ってストレス解消！　豆ずきんの顔も変顔になって可笑しいです（けど、痛そうなのであまりおすすめはしません……）。また、大人だけでなく、赤ちゃんにもオススメ。飲み込んでしまうほど小さくもなく、掴めないほど大きくもない、赤ちゃんにはベストなサイズ。しかも、かぷかぷかぷりついても、布製なのでママも安心。よだれだらけになっても、水洗いできるので、お昼寝の間にお洗濯してあげてくださいな♪

照明のスイッチにぶらさげる

夜寝る前、お布団に入ってさぁ寝ようと、お部屋の照明を消すスイッチの紐を引っ張る。そんな毎晩の些細な作業を、ちょぴっとだけ楽しいものにしませんか？　その紐の先に豆ずきんをつけて、毎晩、かわいい豆ずきんをぎゅっと握って「おやすみ〜♪」なんて。私もこうして使っている豆ずきんが一人いますが、今では、部屋の中心でぶらんぶらんしている彼女の存在は欠かせません。たまに、猫パンチして遊んでいます（笑）。

ちょっとしたプレゼントにする

気の合うお友だち、職場がいっしょの仲間、仲良し家族、かわいがってくれる先輩やかわいがってる後輩などなど、大げさな贈り物はなんだか恥ずかしいけど、いつも楽しい時間をいっしょに過ごしている人たちに、ちょっとしたプレゼントをしたいなぁ〜という時に、豆ずきんはぴったりです。豆ずきんは、いろんな顔がいるので、あげる相手に似た豆ずきんを探してみるのもいいですよ！　プレゼントする相手とそっくりな子を発見！　というのはよくあるそうです。相手ことを思い浮かべながらプレゼントを選ぶのって楽しいですものね。小さな小さなプレゼントだけれど、気持ちはいっぱいこもる豆ずきんです。

とまらない妄想！編

豆ずきんとコミュニケーション

豆ずきんは、もちろんしゃべってはくれないのですが、なぜかその顔をみていると単なる人形としての範囲を超えた何かを感じてしまうんですよね。それは、まるで旧知の友がそばにいてくれている感覚。だからついつい心の中で豆ずきんに話しかけてしまうのは、私だけでしょうか？　豆ずきんは、一人ひとり表情が違うので、優しく話を聞いてくれる子もいれば、ダメだしばかりする厳しい子もいたり、全然興味ないような顔をしている子もいます。そこが他の人形と違うところですね。ちなみに、私が携帯につけている豆ずきんは、とてもラブリーな男の子なんですけど、自分がかわいいことを、私にもっとアピールしろ、と無言で訴えるちょいナルシストな面もある、嫌な奴でもあります。けど、かわいいから憎めない……。

そんな感じで、自分の豆ずきんもその表情

から性格を読み取って、その顔を眺めながらいろいろお話ししたりしてみると、なんだか返事してくれるような、そんな気分になるのです。あ、間違っても声を出してお話しするのは、お子様限定で……。怪しい人だと思われちゃいますよ（笑）。

写真撮影会をする

実は、豆ずきんってとってもナイスなモデルなのです。不思議なことに、撮影するシチュエーションによって、いろんな顔を見せてくれるんですよ！　変わるはずのない表情が変わるなんて！　といっても、怪奇現象じゃあございませんのでご安心を。

夕暮れ時の海や川辺でちょっと横向きに豆ずきんの写真を撮ってみると、どこか寂しげなたそがれ顔に写るし、暖かい昼下がりに野原で花といっしょに記念撮影、なんてすると、どこか朗らかな顔に写ります。ちょっと意地悪して、人の頭の上に乗っけたり、豆ずきんを食べるふりなんかすると、

「やめて〜〜〜！」って顔になる。これが、摩訶不思議。

単なる思い込み、ということも大いにある

かもしれませんが、これもまた妄想の世界の成せる技。思う存分楽しんでみましょうよ！

豆ずきんの家族を作る

まずは、お気に入りの豆ずきんを一人選びます。そして、その子のお父さん、お母さん、子ども豆ずきんを選んであげます。自分の家族に似ているのを探したり、豆ずきん同士の相性を見て選んだりしてみて下さい。豆ずきんは同じものが二つとないので、選ぶ人それぞれの個性的な家族ができると思います。また、持っている豆ずきんに、友だちや恋人、お婿さんやお嫁さんを選んであげるのも、楽しいですね。自分だけの豆ずきんファミリーを作って遊んでみてください。

いかがでしょうか？　こんな小さな手も足もない人形ですが、いろいろ使い方があるでしょう？　〈妄想編〉は、かなり怪しいと思われた方もいるでしょうが、大人にもそんな妄想力って必要かもしれません。「妄想」は「想像」ですからね。想像力は、人やモノを想う力。豆ずきんによって、何かしら「心」が動いてくれたら嬉しいです。

そして、これは全てに共通すること。豆ずきんは、アナタと共にいつもいっしょにいたいのです。どうぞ、いつまでもおそばにいさせてやってくださいね♪

豆ずきん、ひとり

豆ずきん、一念発起！

豆ずきん、ラブレターを出す

豆ずきん、電話をする

豆ずきん、切ない片想い

豆ずきん、トイレへ急ぐ！

126

2.

豆ずきん、世に羽ばたく

"MAMEZUKIN" ya se va a divulgar

生まれては、消えて

「かぎりある店」で販売する前に、ふと思い出して、豆ずきんを作って販売したことがあります。

今から8年前、現在ではすっかり有名になった知恩寺の手作り市に出店したことがありました。これは、京都にある知恩寺というお寺の境内で、毎月15日に開催される手作り作品のみを扱う市です。

古くからの友人がその手作り市に毎月遊びに行っていて、他の市やフリーマーケットとは一味違う雰囲気がとても面白いから、暇なら何か作って出店してみたらどうかと、教えてくれたのでした。

なんと私はその時もまた無職でした。考えてみると、豆ずきんは私が人生の壁にぶち当たる度に、いや、仕事がなくて暇をもてあますたびに（笑）、ひょっこり現れているように思います。

大学を卒業して進路に迷っていた時に豆ずきんが誕生し、4年ほど働いたバイトを辞めてしばらく一人旅に出た後、知恩寺の手作り市に参加するために、豆ずきんを作りました。それからまたしばらくたって、念願だったCDショップのバイヤーの仕事を得たものの、結局こちらも挫折してしまい、途方に暮れていた時に今度は「かぎりある店」で、再び豆ずきんを作ることになりました。

そんな風につらい時にいつも、「作ってみよう」と思わせてくれる豆ずきんでしたが、私はそれを本業としてやっていこうと思うことはありませんでした。

Nace y Se extingue

作って、人に見てもらって、けっこう喜んでもらえたり、気に入ってもらえたりもしましたが、私は自分の作品を売って生きていけるなんて、露ほどにも考えたことはありませんでした。

今から思うとなんとももったいないお話。けれど、その時の私は、作り手としてのスタンスもまだあいまいで、豆ずきんに対しても、自分の作品としてたいして思い入れがあったわけでもなかったので、そんな気持ちでは、豆ずきん制作を仕事にしようと考えることなどできなかったわけです。はじめての手作り市の時も豆ずきんはなかなか好評で、たくさんのお客さんとお話ししたり、買ってもらったりしていたのに、

「みんな気に入ってくれてたなぁ。よかったよかった」

と思うくらいで、結局その後豆ずきんの存在は、仕事が見つかったことでフェイドアウトしていくのでした……。

「かぎりある店」で販売を再開した時も、知恩寺の手作り市の時と豆ずきんに対しての気持ちは変わらずでしたし、手作り市の頃よりも歳を取ってしまった分、将来の不安は以前よりも増していました。自分が「仕事」をしていないという状況に、気持ちはどんどん焦り、

「いつまでも人形なんか作っている場合じゃない、早く仕事を見つけてなんとか自分で生活していかなければ……」

と豆ずきん制作の楽しさよりも、自分の生活の糧をどう得ようかということ方が、ずっと頭の中を占めていたのでした。そして、その選択肢の中に、「豆ずきん作家になる」ということは、もちろん含まれていませんでした。もしも、あの時に新し

い仕事を見つけていれば、それまでと同様、私はまた豆ずきんのことをすっかり忘れてしまっていたでしょう。しかし、豆ずきんは、一人の女性と出会ったことによって、3度目の消滅を免れることになったのです。その女性が、大阪西天満にある雑貨店「カナリヤ」のオーナー、トノイケミキさんでした。

カナリヤとの出会い

何度目かの「かぎりある店」のこと。会場にいた姉から一本の電話が私の携帯電話にかかってきました。

「置いている豆ずきんを全部ほしいって言ってきた雑貨屋さんがあるんやけど、どうする？」

それが、たまたまお店を見に来てくださっていたトノイケさんでした。

確かに「かぎりある店」でも豆ずきんは好評で、毎回10〜20人の豆ずきんが売れていってはいたものの、先にも書いたように、私は豆ずきんを作る作家としてのプロ意識など微塵にもありませんでしたし、「かぎりある店」もその名の通り、期間限定のイベント。しかも身内のよしみで置かせてもらっているだけでしたから、気持ちとしては気軽なもので、売れても売れなくても一向に構わないや、と思っていましたが、カナリヤさんはそういうわけにはいきません。ちゃんとお店を構えて、

Encuentro con "Canariya"

生業として雑貨を扱っていらっしゃる立派な雑貨店です（「かぎりある店」が、立派じゃないという意味ではないですが……）。そのオーナーさんが、豆ずきんをお店の商品として扱いたいと言ってくれている……。私は、豆ずきんを気に入ってくださった嬉しさと共に、自分の意識とのギャップに不安な気持ちも生まれてきました。

「本当に、こんな素人手芸で生まれた豆ずきんが、雑貨屋さんに並んでいいんだろか？」

とにかく、直接お話ししなくてはと、トノイケさんに電話をしたところ、私の不安とは裏腹に、

「すごくかわいくて一目ぼれしました！　テルヨちゃんさえよければ、ぜひお店に置かせてほしい！」

と言ってくれたのでした。

不安な気持ちも拭いされたわけではありませんでしたが、自分の作品を、商品としてお店に置いてもらえる機会なんて、そうあることでもありません。したい仕事も見つからないし、こんな何にもできない今の自分が唯一作っているモノを気に入ってくれている……。こんなありがたいお話はないのではないか？　と思い、

「いいんですか？　いいんですか？」

と何度も何度も繰り返し聞きながらも、豆ずきんをカナリヤさんに委ねることにしたのです。

けれど、電話を切ってしばらくすると、不安な心とは裏腹に、私は久しぶりに「制作意欲」というものがフツフツと沸いてくるのを感じました。もしかしたら、これが一度限りのご縁かもしれない。ちっとも売れなくて、また私の手元に返って

くるかもしれない。けれど、やってみよう。作ってみよう。「一目ぼれした！」と言ってくれたトノイケさんの言葉を信じて、豆ずきんを作ってみよう！　こうして豆ずきんはカナリヤさんの商品として並ぶことになったのでした。

豆ずきん作家として

新たな豆ずきん制作がはじまりました。

カナリヤさんでの販売がはじまってから、私の制作に対する意識も、少し変わりました。単なる暇つぶしではなく、商品として完成された形にしなければならない、もっと丁寧に作ろう、顔のバラエティーももっと増やしてみよう、と思うようになりました。お店に並ぶたくさんの素敵な雑貨の中に並んで、あまりにへたくそな縫製で見劣りしている姿にがっくり落ち込んだこともありました。

けれどカナリヤさんは、そんなまだまだ未熟な素人手芸丸出しの豆ずきんを見捨てることなく、温かな目で見守り続けてくれたのでした。

そんなまだまだ完成度の低い豆ずきんだったので、最初からどんどん売れていったわけではありません。カバンやアクセサリーなどと違い、豆ずきんには用途がありません。ただの人形です。しかも、かなりへんちくりん。作った本人としては、この形には満足していたのですが、お客様にとっては、このよくわからないへんな

Como Autora de "MAMEZUKIN"

人形をどう扱ってよいやらわからないようでした。そんな意見をカナリヤさんからうかがったりする中で、私もいろんな人にアドバイスをもらい、自分なりに改善していくことにしました。

まず、頭にホルダーをつけたことにより、豆ずきんが、「ぶらさがる」という得意技（!?）を身につけました。このことによって、ぐっと使い道も広がりました。また、綿をしっかりと入れるようにして握り心地をよくしたり、豆ずきんに一番合う綿を探したりと、細かいところにも気を配るようになりました。そうして、少しずつではありますが「商品」として改善していったことで、売れていく数も徐々に増えていきました。

もちろん、たくさん売れていくことは嬉しかったですが、接客をされているカナリヤさんから、豆ずきんに対するお客様の反応などを聞くことがとても嬉しくて、制作意欲もますます増してきました。この、へんちくりんな人形「豆ずきん」が、人が喜ばせている。そのことが、私をますます豆ずきん制作に夢中にせていったのでした。そして私は、いつからか新たに仕事を探すことをやめ、自らを「豆ずきん作家」と名乗るようになっていたのです。

妄想力と行動力

カナリヤさんと出会ってから、学んだことは数多くあります。もの作りの楽しさと難しさ、お客様をはじめ、いろんな人とのつながりの大切さ、そしてなによりも、自分の頭の中のことを形にしていく、ということです。

カナリヤさんに豆ずきんを納品しにいくと、必ずと行っていいほど、「豆ずきん妄想話」で、盛り上がっていました。特にトノイケさんの「豆ずきん妄想話」は、それはそれは楽しくて、夢いっぱい。二人で話をしていると、妄想話は留まるところを知らず、こんな小さな人形から、こんなにも湧き出るのか！　と驚くほどでした。私はトノイケさんと妄想話をするたびに、

「すごいな〜、豆ずきんって妄想広がるよなぁ〜」

とまるで人事のように感心しているばかりでしたが、トノイケさんは、頭の中だけで終わらせようとしている私に、妄想を現実のものにしていこうよ！　と背中をドンと押してくれたのでした。

ある日、いつものように二人で妄想話に盛り上がっていると、トノイケさんが、

「豆ずきんが１００人勢ぞろいさせたい！」

と言われました。私も頭の中で１００人並んでいる姿を想像してみて、とってもおもしろい！　と思いましたが、それは私にとってはいつもの妄想話の一つであり、実現できるものだなんて思ってもみませんでした。しかし、この妄想話は頭の中だけで終わらなかったのです。

Delirio de poder y poder de conducta

「今年は豆ずきん１００人展をしましょう！」

トノイケさんから届いた２００３年の年賀状には、そう書いてありました。それは、単なる妄想話ではなく、現実の個展のお誘いでした。

「トノイケさん、やる気ですか？　本当に!?　やっちゃいますか？　よぉ〜し！やりましょう!!（笑）」

まだまだ作るスピードも遅く、この頃には他の店にも卸していたので、一気に１００人揃えるなんてとても大変なことでした。けれど、あの楽しい妄想が、目の前にある姿を私も見たい！　妄想力を、行動力に変えて！

こうして、豆ずきんの記念すべき初個展「豆ずきん１００人展」は、２００３年8月に無事開催となり、たくさんの方にご来場いただき、大成功となりました。


その後も妄想どんどん膨らみました。

「ディズニーランドの『it's a small world』みたいに豆ずきんも世界各国の衣装を着させて並べたい！」

という妄想から、「豆ずきんの世界展」のアイディアが生まれ、「豆ずきんに各国の民族衣装を着させるという新しい試みにもチャレンジすることが出来ました。

「男の子豆と女の子豆が仲良く並んで、ラブラブ〜♪って素敵!!」

ということから、バレンタインの時期にはペアの豆ずきんを作ることになりました。

そんな「豆ずきん妄想話」は、実現したもの、実現不可能なもの（笑）など湯水のように生まれ、そのアイディアは数えだしたらキリがありません！　カナリヤさんのギャラリーでさせてもらった個展のアイディアは、全てトノイケさんとの楽しい妄想話から生まれたものです。

一番最初の取扱店でありながら、今でもそのご縁は途切れることなく、毎月1日と15日を、「豆ずきんの日」として、納品させてもらっています。

今では取扱店も増えて、はじめの頃とは比べものにならないほど制作に忙しい日々を送っていますが、その最初の一歩がカナリヤさんだったことは、いろんなことを教えてもらったという意味でも私にとって、とてもラッキーな出会いだったと思います。

最後に、トノイケさんの豆ずきん妄想の最大のことを一つ……。

「豆ずきん風呂に入ってみたい！」

バスタブ一杯に豆ずきんを入れて、その中にどっぷり浸かる……。

この無謀な妄想が、実現できるのはいつでしょう??（笑）

いつかご恩に報いるためにも、この妄想を実現することが、私の大きな夢でもあります。

できるのか？

できるかもね!!

ボビンロビンとの出会い

京都の三条室町にある3階建てのビルの2階。三条通りからそのビルを見上げると、キラキラとかわいらしくウィンドウディスプレイされたお店があります。

そこが、ボビンロビンさん。アメリカやヨーロッパで仕入れてきたアンティークの生地や、かわいいボタンにリボン、そしてオーナーのイトウさんセレクトの古着や雑貨などを扱っていらっしゃるお店です。

私がはじめてお店にうかがったのは、「かぎりある店」のフライヤーを配りに歩いていた時のこと。姉の指令（笑）で、

「三条室町に生地屋さんがあるから、そこにもフライヤーを置かせてもらってきて」

と言われて行ったのが最初です。

「生地屋さん」と聞かされたのですが、その頃の私は、まだ手芸になんの興味もなかったので、「生地屋さん」と聞かされても今一つお店のイメージがピンとこず、

「カフェとか雑貨屋さんとかじゃなくて、生地屋さんにフライヤー置いてもらうの……？」

と少し不思議な気がしました。手芸に興味のない私にとって、「生地屋さん」と言われたら、布地が所狭しと並んでいる問屋さんのようなイメージだったので、そんなところに「piccolo…」のフライヤーを置いてくれるのだろうか？　置いてくれたとして、それを手に取って店に来てくれる人がいるんだろうか？　など、その宣伝効果を心配してしまいました。

Encuentro con "BOBBIN ROBBIN"

しかし、教えられたビルの前まで来て、2階を見上げると、

「あれ？　このビルじゃないのかな？」

と一瞬間違ったかと思ったほど、私の乏しいイメージからはほど遠い、まるでオシャレな古着屋さんのように、キラキラとカラフルな店内が窓から見えました。

階段を上がって、お店の中に入ると、私の想像していた「生地屋さん」とはまったく違う世界が広がっていました。木で手作りされた棚に、色とりどりの、見たこともないようなポップでラブリーな生地がずらりと並んでいて、中央の机には、たくさんの外国の古い雑貨やボタンやリボンがかわいらしくディスプレイされています。そして、レジカウンターの中には、すらりと背の高い、おしゃれな女性がかわいいエプロン姿で立っていらっしゃいました。

「イベントのフライヤーを置いていただきたいのですが……」

お店のかわいらしさに、若干圧倒されながらもそう言うと、その女性は快く受け取ってくださり、私はぺこりとお礼をして、お店を後にしました。


「……生地屋さん？　あんなかわいいお店が？　ホンマに⁇」

帰り道を歩きながら、自分の想像とまったく違ったことに、若干狐につままれたような感じもしながら、けれど、店内のとてもかわいい雰囲気に、そそくさと店を出てきてしまったことを少し後悔もしました。

「また、ゆっくり見に行きたいな……」

今までまったく興味のなかった生地屋さんだけど、ボビンロビンはそう私に思わせてくれたのでした。

生地って大切

「かぎりある店」での豆ずきんは、姉の作る洋服のハギレで作っていましたから、自分の好みの生地を使っていたわけではありませんでした。姉の使う生地も、もちろんかわいかったし、好きな生地もありましたが、その頃の私は、生地に対してとても疎かったのです。

　自分の好きな生地や柄、といったことを深く考えることもなく、ただ、与えられた生地の中から、なんとなく好きなものを使って、その柄に合う顔を刺繍していくだけでした。

　けれど、数をこなしていくうちに、少しばかり欲も出てきます。ちょうどカナリヤさんでの取り扱いもはじまったところだったし、姉にもらった生地以外でも使ってみようと思いはじめたところでした。豆ずきんの顔は、生地の柄とボディーの形との組み合わせから、想像していきます。だから、生地の柄がとても重要になってくるのです。それに気づいてから、自分でも豆ずきんのための生地を探してみようと、デパートやスーパーへ出かけたついでに手芸屋さんへ立ち寄り、パッチワーク用のハギレなどを物色してみたものの、実際に探してみると、なかなか自分の気に入る生地を見つけることができず、

「かわいい生地ってそう簡単に見つかるものじゃないんだ……」

　ということに気づきました。少しずついっぱいいろんな柄の生地がほしい。そう思うと、姉が生地を買いに行っている問屋街では、少量で売ってくれないので、採

Tela es más importante

算が合いません。そして、そう思うたびにボビンロビンさんことを思い出しました。

「あのお店の生地だったら、やっぱりかわいいんだろうな。ヴィンテージだから、やっぱ高いんだろうか？　ハギレとかあるのかな？　行ってみようかな？　どうしようかな……」

そんな風に思いながらも、元来小心者な私。結局ぼんやりと憧れるだけで、お店に行く勇気がなかなか起こりませんでした。

豆ずきん、おしゃれに目覚める

カナリヤさんでの取り扱いが決まってから、しばらくたった頃でしょうか。
姉からまた豆ずきんの取り扱いをしたいと言っている人がいる、という話が入ってきました。それが、なんとボビンロビンの店頭に立っていた、あのすらりとしたオシャレな女性、オーナーのイトウヒロコさんでした。
「え!?　あのお店に豆ずきんが並ぶの？」
生地の知識も、裁縫の知識もまったくない私が作った豆ずきんが、あのカラフルで素敵なセンスでまとめられた「生地屋さん」の中に並ぶなんて、正直なかなか想像ができませんでした。けれど、カナリヤさんの時と同様、そんな素敵なお店をやっている方に、豆ずきんが目に留まったことが嬉しくて、とにかくやってみよ

"MAMEZUKIN" se despierta muy peripuesta

う！　と、取り扱いをお願いすることにしました。

　ボビンロビンさんで取り扱いが決まってからも、まだまだ私の生地に対する思いは中途半端なものでした。ボビンロビンさんで扱っているヴィンテージの生地は素敵でしたが、やはりさすがに手が出ず、なんかないかなぁ〜と思いながら、ちょこちょこと買い集めた生地（といっても、たいして厳選したわけではないものでしたが……）を使って制作していました。そんな感じなので、はじめてボビンロビンさんへ豆ずきんを持っていき、お店に並んでいる姿を見たときは、それはいつもと変わらない豆ずきんとはいえ、どこか少し異色な印象を受けてしまいました。なんてったって、生地を扱うお店です。オーナーのイトウさんの目で厳選された、外国のヴィンテージの生地たちの中にいると、私の作る豆ずきんの衣装はまるで、まだまだオシャレ初心者の中学生みたいでした（笑）。


　そんな時、イトウさんが、豆ずきんに合うんじゃないか、と一つの生地を薦めてくれました。それは、肌触りが素朴で、風合いも優しく、なんといってもそこにプリントされている柄が、どれも個性的で見たことのないものばかりでした。

「これは、フィードサックといって、アメリカの１９３０年代から１９５０年代くらいまでに作られたものやねん。肌触りもいいし、小さくカットしたものもあるから、豆ずきんに使ったらきっとすごくかわいいと思うよ」

　薦めてもらったフィードサックを手にして、私はその時はじめて、「生地」というものを本気でかわいいと思いました。

「これで豆ずきんをぜひぜひ作りたい！」

　私はがさごそとフィードサックの入った箱を物色し、これは！　と思うものを何点か選んで購入し、早速家に帰って豆ずきんを作ってみることにしました。

フィードサックを裁断して、周りを縫い、綿を詰めてボディーを作ります。すると、この個性的な柄でできた豆ずきんのボディーからは、今まで以上に顔の印象がはっきりと浮かんできます。それは、

「こんなお洋服を着ている人は、きっとこんな人」

といった感じで、「私が考える」というよりも、フィードサックを豆ずきんの形にした時点で、すでに顔ができあがっている、といってもいいようなものでした。

豆ずきんとフィードサックとの出会いは私にとって、はじめて生地の魅力に触れた瞬間でした。私は生地によって豆ずきんの顔のアイディアがあふれてくることに感動し、その魅力にどんどんと惹きこまれ、フィードサックだけではなく、豆ずきんを作るための生地を選ぶ目がこの頃からがらりと変わっていきました。

「この生地で、豆ずきんを作ったら絶対かわいい！」

「この柄だったら、きっと面白い顔が浮かぶはず」

「かわいいけど、この柄は豆ずきんには合わないな」

そんな風に、生地を選ぶことが、豆ずきん制作と共にとても楽しい私の仕事となりました。


一度、大量に仕入れられたヴィンテージハギレの山を、お店に並ぶ前にこっそり見せてもらったことがありましたが、その時はもう頭がクラクラするほど大興奮して、ハギレの山を一心不乱に大物色してしまいました（その姿を見ていたイトウさんは、大笑いされてました）。ハギレを見てあんなにアドレナリンが出たことはありません！　あの時から私の「生地狂い」ははじまってしまったのです……。

イトウさんがお店で見せてくださるヴィンテージの生地や、外国で見つけてこられたさまざまな古い雑貨や、ボビンロビンに集まるお洋服や帽子などの手作り作家さんとの出会いは、どれも私の世界を広げてくれるものばかりですし、その驚きやドキドキ感は、私の制作意欲を刺激してくれます。制作でひきこもりがちな私にとって、そこは小さなサロンのよう。納品に行くたびに、いろんなことをおしゃべりして、ついついお店に長居してしまいます。

最初にお店に行ってから、なんとなく惹かれていたボビンロビンさん。一度は取り扱いを終了したこともあったけれど、ひょんなことから再開することになって、今では豆ずきん専用の小さなザル（並んだ姿はまるで枝豆!?）まで用意してもらい、豆ずきんもとっても居心地がよさそう。そして、納品へ行くたびに見つけてしまうかわいい生地の数々に、豆ずきんはますますオシャレになっていくのです。

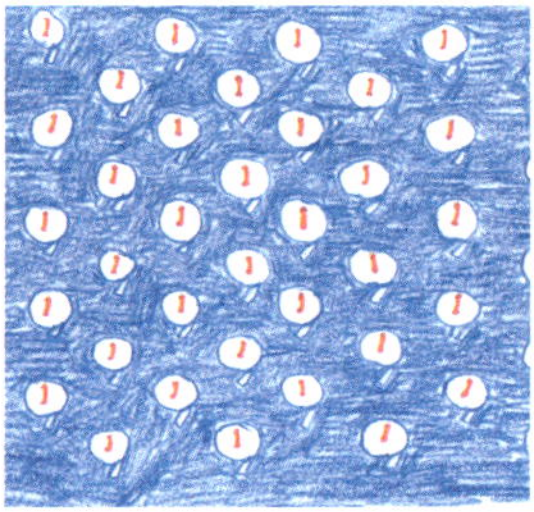

豆ずきん写真館
~胸キュン編

el Museo de fotografia
de "MAMEZUKIN"

豆ずきん、背後から見られる

豆ずきん、お庭でお茶

豆ずきん、実になってみる

豆ずきん、納まる

豆ずきん、招かれる

豆ずきん、ビクター犬と出会う

豆ずきん、ケーキは別腹

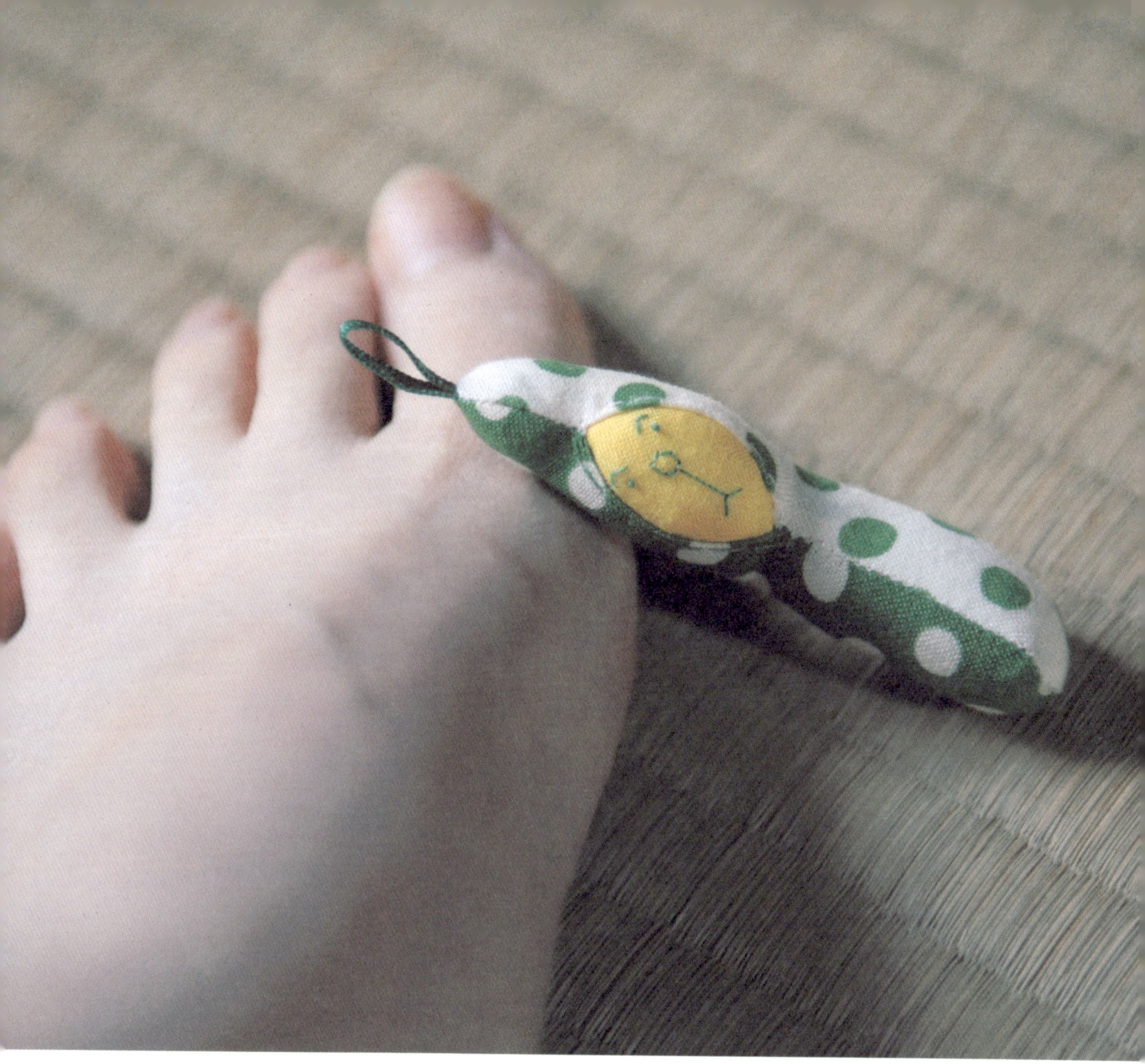

豆ずきん、足枕でゴロ寝

豆ずきん、おそうじに感心

豆ずきん、緑の中に何かを見つける

豆ずきん、風邪をひく

豆ずきん、甘える

豆ずきん、誰かを想う

豆ずきん、誰かに想われてる…かもしれない

豆ずきん、お庭でおにごっこ

豆ずきん、日焼けを気にする

3. 私の原点

Mi punto de inicio

雑貨なんて興味なかった

雑貨屋さんに豆ずきんを納品しに行き、ついでにお店でかわいい商品を物色して、素敵な雑貨との出会いに幸せな気分を味わう……。

手作りのカバンやポーチ。豆ずきんの友だちになりそうな人形やぬいぐるみ。アクセサリーや帽子などのファッション小物。今、私の部屋にはたくさんの雑貨があります。

豆ずきんを雑貨屋さんに置いてもらうようになってから初めて、「雑貨ってこんなにもかわいくて、心奪われるものだったのか！」と気づきました。恥ずかしながら、三十路を目の前にしての雑貨デビューでした（笑）。

それまでの私はというと、雑貨なんて全く興味がありませんでした。

雑貨だけでなく、とにかく女の子らしいことが苦手で、どちらかというと「かわいい」ものより、「かっこいい」ものが好みでした。ボロボロの汚いジーンズを履き、ジミヘンを聞きながら朝までドライブをして、友だちとロックやアート、そして人生について熱く語り合う日々。バックパッカーに憧れ、アーティストになることを夢見ているような、かわいげのかけらもない青春時代を送っていました。

もっとさかのぼって子どもの頃を思い出してみても、あまり女の子らしかったとは言えません。稲刈り後の田んぼや近所の川原が遊び場で、学校から帰ってくるなりランドセルを放り投げて外に遊びに行くような子どもでしたし、夏には表か裏か

No tenía interés en enseres domésticos

わからないくらいに真っ黒になっていました。人形遊びやおままごとは、女友だちとのお付き合い程度に（笑）。もちろん、お裁縫は大の苦手です。泥んこになることと、ドッジボールが得意な活発な女の子でした。

けれど、豆ずきん作家になった私と、それ以前の私がまるで別人のようなのかというと、もちろんそんなことはありません。団体行動が苦手なことや面倒くさがりなところは、学生時代から変わっていないし、妄想癖があるところなどは、子どもの頃からちっとも変わりません。それからもう一つ、ずっと変わらず好きなことがあります。

それは、もの作りをすること。

子どもの頃からずっと変わらず好きなことは、これくらいじゃないでしょうか？

そして、そのもの作りの楽しさを教えてくれた、忘れることの出来ない場所があります。

それが「こどもアトリエ」です。

「こどもアトリエ」のこと

「こどもアトリエ」というのは、子どもたちだけの絵画教室で、私は4歳から10歳までの6年間通っていました。絵画教室と書きましたが、そこはただ絵を教えてくれる教室ではありません。絵だけでなく、本を作ったり、木を使った工作や、凧作り、オカリナ作り、そして年に何度か山登りにも連れて行ってくれる一風変わった教室でした。

週に一度、自転車で姉と共に隣町のアトリエまで通いました。毎回いろんな絵を思う存分描かせてくれました。模写であったり静物画であったり、瓶の中身を想像して描いてみたり、動いている人をドンドン描いていったり……。そしてまた、月の最終週は「あそびデー」と称して、木工制作の日になり、のこぎりやかなづちを使い、自分で木を切って釘を打って、好きなものを自由に作らせてくれたのでした。子どもばかりの教室でしかも自由にさせてくれる場所だったので、毎週教室は大騒ぎです。子どもたちの声と、先生と先生の奥さんの子どもたちをしかりつける声がいつも教室中に響いていました。そんな中、私はいつも一人黙々と制作に励んでいました。学校では友だちもたくさんいたし、おしゃべりも大好きでしたが、ここでの私はいたって無口。6年間通っていたというのに、友だちは一人もできませんでした。友だちができないということは、子どもにとってはとても寂しいことのように思うのだけれど、なぜだかアトリエでの私は、そんなことを気にしたことも、嫌だと思うこともなく、友だちの一人もいないアトリエに通うことが大好きでたまりませんでした。とにかく、ここで自由にもの作りができる、好きな絵が描ける、その

En el taller de niños

ことに夢中になっていたのです。

　豆ずきんを作っている時の気持ちと、アトリエで夢中になって絵を描いていた時の気持ちは、とても似ているような気がします。とにかく、無心。余計なことは一切考えず没頭する。それがとても心地よいので、豆ずきん制作にスランプはほとんどありません。違うところといえば、今はたくさんの豆親さんに喜んでもらえるのが一番嬉しいことですけれど、子どもの頃の私は、先生に作品を見てもらうこと、ただそれだけが一番嬉しいことでした。

　先生は、子どもの私にとって、とても「大きな」人でした。とっても怖くて、とっても優しい先生。子どもに対していつも真剣勝負なので、手を抜いたり、やる気がない作品を出すと、しっかり怒られたし、下手でも真剣に取り組んだ作品には、満面の笑みをくれました。

　そして何より、無口でおとなしく友だちのいない私に対して先生は、そのことをたしなめることも、気を遣うこともなく、他の生徒と変わらず接してくれたし、私を自由に「一人の世界」に没頭させてくれたのでした。それが子どもの私にとって、とても居心地がよかったのでした。

先生との再会

「こどもアトリエ」を主宰されていた先生は、60年代に前衛美術の世界で活動されていた、榊健先生という方です。先生が美術作家だと知ったのは、私が美大を受験するために通っていたデッサン教室で、たまたま目にした画集の中に先生の名前があったからです。

「こどもアトリエ」を卒業し、高校生になって進路を考えた時、私は自分がアトリエを通っていた頃からずっと変わらず、もの作りをすることが好きなことに気づきました。勉強も嫌いじゃなかったけれど、できれば、ずっと何かを生み出すことをしていたい、子どもの頃の楽しかった「こどもアトリエ」の時間をずっとずっと味わっていたい、と思い、美術系大学の進学を決めたのでした。

そのために通っていたデッサンの教室で、先生の名前を目にしたことに、私はとても不思議な縁を感じると同時に、先生と同じ道を進んでいこうとしていることが嬉しくて、よりいっそうデッサンの勉強に取り組みました。

無事、嵯峨美術短期大学の陶芸科に合格し、2年間みっちり陶芸に没頭しましたが、大学を卒業してからは、徐々に気持ちが陶芸からは離れていってしまいました。それでも、もの作りの楽しさを忘れたことはありませんでした。制作活動を続けている大学の友人に会ったり、作品展などを見に行くたびに、

「私も何か作りたいなぁ……」

と頭の片隅で、もの作りに対する思いを燻らせていたのでした。

Reencuentro con el professor

悶々とした時間を過ごしていた中で、ひょっこり豆ずきんが現れました。そして、次第に豆ずきん制作の時間が増えてきて、私はもの作りの楽しさを再び味わっている自分がいることに気づきました。

いろんなことを知ったり、学んだりしたけれど、そのせいでがんじがらめになってしまって、心も体も動けなくなっていた時がありました。そんな状態が長く続いていたけれど、芸術だとか手芸だとかいうことを、すっかり忘れたところで生まれてきた豆ずきんのおかげで、私は「こどもアトリエ」に通っていた頃の、何の知識もなく、けれど自然に手を動かしながら無心でものを作っていく、あの感覚を再び味わうことができたのでした。

自分が子どもの頃から大好きだったもの作りを、あの頃の感覚と同じように味わえている。しかも、それを仕事としてさせてもらっているのです。こんなに幸せなことはありません。そして、子どもの頃の私にもの作りの面白さを教えてくれた先生に、改めて感謝の気持ちも沸いてきました。

あの楽しかった時間のこと、そして、やはり豆ずきんの原点は「こどもアトリエ」だということを、私は豆ずきんを知っている人たちに伝えたくなりました。

「もの作りって、こんなに楽しいんだよ！　今の子どもたちにも味わせてあげようよ！」

そんな気持ちも込めて、私は豆ずきんのブログに「こどもアトリエ」の思い出を書かせていただきました。

それからしばらくたったある日。母が興奮した様子で部屋に電話を持ってきました。それはなんと、何年もお会いしていなかった先生からの電話だったのです！

先生は、私のブログにアトリエのことが書かれていることを人から聞き、わざわざ昔の電話帳をひっぱりだしてお電話をしてきてくださったのでした。

「アトリエのことを書いてくれてありがとう！」

と先生は、電話口で興奮した口調でそういってくれました。私は、その先生の嬉しそうなお声に思わず涙が出そうになりました。

子どもの頃大好きだった先生に、自分の作品をみてもらいたくて、一生懸命通ったアトリエ。大人になってから、改めて私の中での先生の存在の大きさを感じ、感謝の気持ちを込めて書いたその文章が、奇跡的に先生の目に留まって、私の元へ届いた先生からの感謝の言葉。もの作りをする原点が先生であり、豆ずきんを作ることによって、その先生とまた再会することができたのです。これは本当に嬉しい出来事でした。

その後、電話のお礼も兼ねて久しぶりに「こどもアトリエ」へ遊びに行きました。私が通っていた頃よりも子どもの数は減っていたけれど、アトリエに漂う自由で明るい空気はちっとも変わらず、先生は今でも子どもに対して真剣勝負で、そして、少し大人になった私は、子どもたちとおしゃべりもできるようになって（笑）、いっしょになって制作させてもらいながら、あの頃の無心になって絵を描いていた頃の自分を懐かしく思い出していました。


今では、子どもの頃のような純真な絵を描くことはできないし、かなづちものこぎりも上手く使えるかどうかわかりません。せっかく美大へ進学したのに、先生と同じ芸術の世界へ進むこともできませんでした。

けれど、私は今、もの作りをして生きています。

絵筆を針と糸に変えて、あの頃と同じように、一人黙々と自分の世界の中で制作に没頭しています。世界は違えど、あの感覚は変わりません。それを再び感じられたことが、私は嬉しいのです。

小さく、へんちくりんな人形「豆ずきん」が、思い出させてくれたこの幸せな感覚をもう手放さないように、また、この感覚を私に味わせてくれている、豆ずきんファンの人たちのために、これからずっとずっと豆ずきんを作っていきたいと思っています。

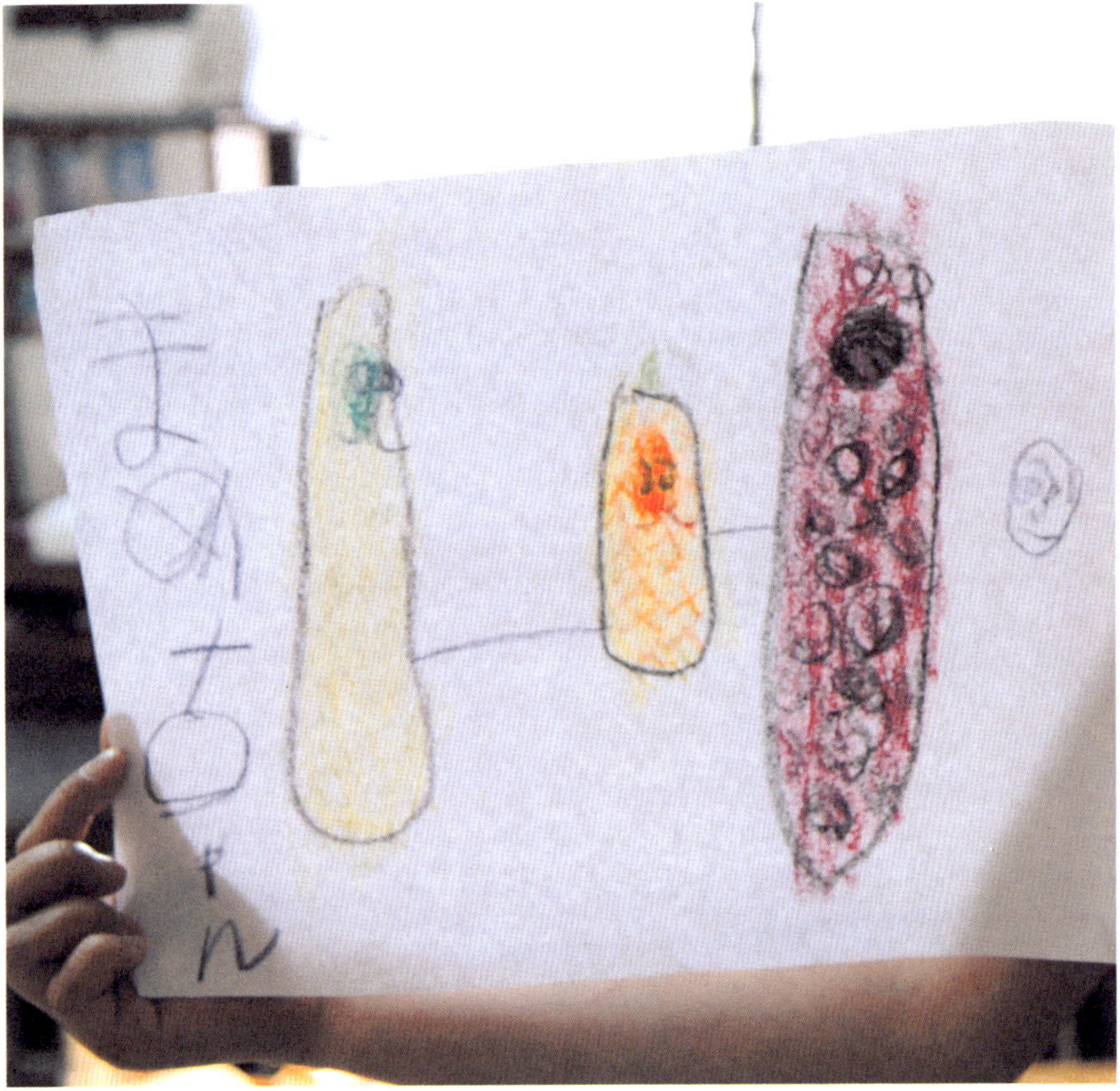

豆ずきんと豆親さん

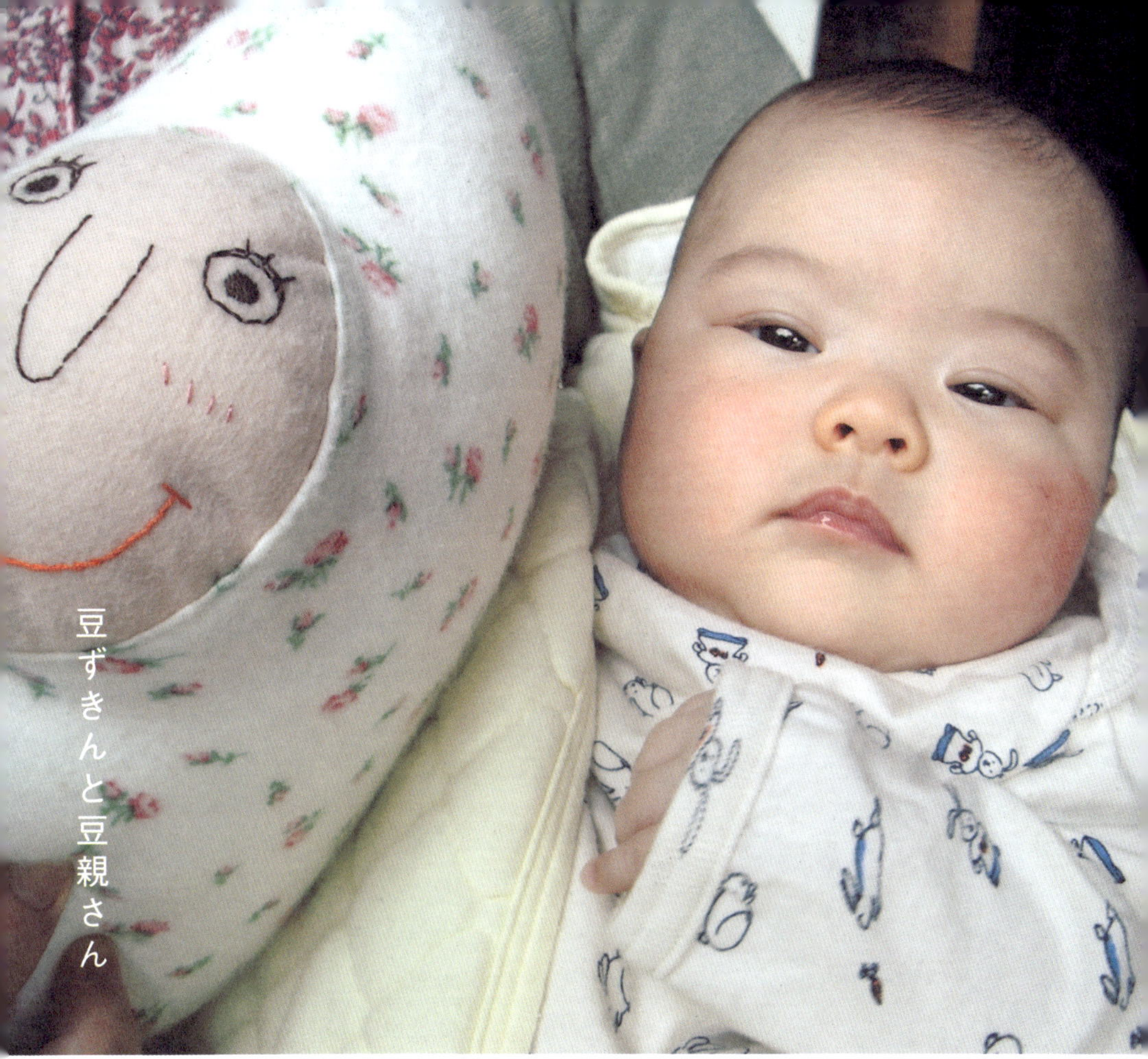

中村ひなたちゃん

元木潤さん
似てる……

坂田まゆみさん
おちゃめな笑顔です

山本稔子さん
オランダ豆ずきん！

杉下浩作さん
芋焼酎の刺繍入り！

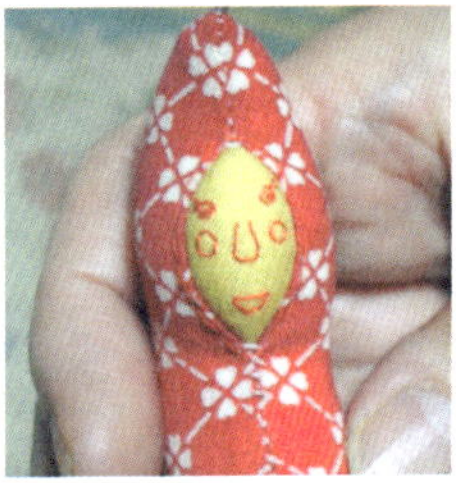

森岡美恵さん
京美人さんどすなぁ

大島瑛倫奈さん
親衛隊みたい〜

中嶋尊子さん
二重あごだぁ〜！

北野実香さん
ママとベイビーですね

そう、里親ならぬ「豆親」なのです。私が出会ってきた豆親さんたちに、わが子自慢をしてもらいました。

元木幸子さん
お上品だわぁ～

かなやゆみさん
貴重な鳥ずきんが !!

坂田成実ちゃん
おでかけもいっしょ♪

水口真奈さん
バイクのお友だちだそう

森岡治三郎さん
優しさがにじみでてます

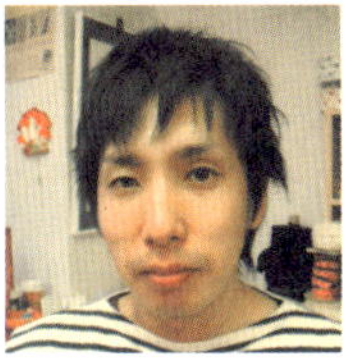

浅田裕紀さん
お猿ちゃん顔がかわいい

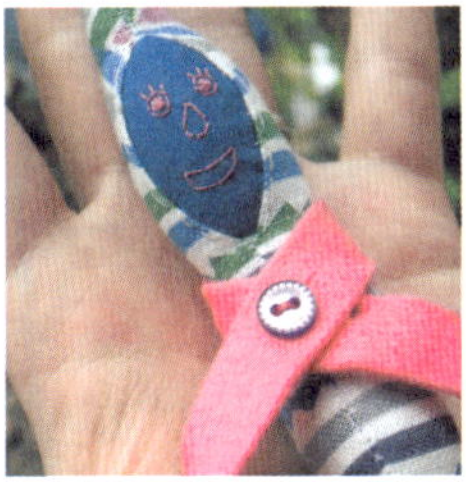

中村愛子さん
カフェ「朴」の店番っこ

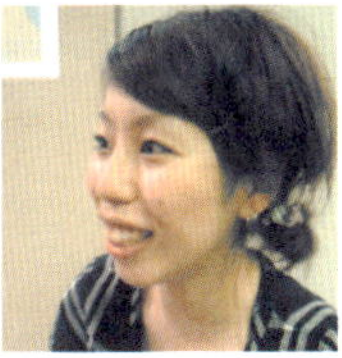

田中真結美さん
初期の貴重な豆ですね

豆ずきんを作る私が生みの親なら、豆ずきんをかわいがってくれているお客様は、育ての親。

おわりに

現在に至るまでに、４０００人を超える数の豆ずきんが、私のもとから旅立っていきました。

豆ずきんを最初に作ったとき、まさか自分が「豆ずきん作家」になって、こんなにもたくさんの豆ずきんを生みだしていくことになろうとは、全く予想もしませんでした。

今でもなぜ豆ずきんが、たくさんの人に受け入れられたのかわかりません。豆ずきんはかけがえのない存在だけれど、その魅力を一番知っているのは、今や私よりも豆親さんたちのような気がします。

豆ずきんを生み出すのが私。そして、育てるのが豆親さん。

豆ずきんは私の作品だけれど、私のものじゃない。とっても無責任な言い方かもしれませんが、これが私の正直な気持ちです。それぞれの豆ずきんと、それぞれの豆親さんのもの。私はいつもそう思って豆ずきんを旅立たせているのです。

だからこの本も、ずっと豆親さんのことを考えながら書きました。私しか知らない豆ずきんの話を、みなさんにお伝えしておきたかった。アナタがかわいがってくれている豆ずきんは、こうして生まれたんですよ〜。他の豆親さんは、こんな風に豆ずきんと遊んでますよ〜。アナタの豆ずきんを作った人間は、こんな奴ですよ〜ってね。どうでした？　ご自分の豆ずきんのことが、ますますかわいく思えてきましたか（笑）？

Al final

そして、まだ豆親さんになっていない人たちにも。

世の中には、へんちくりんでなんの役にも立たない人形がいて、人の心をちょっと楽しい気分にさせることがあるのです。この本を読んで、そんな気分になりたくなったら、ぜひ豆親さんになってみてください。笑顔がいつもより一つ、増えるかも。


最後に、豆ずきんを作ることしか能のない私をずっと見守ってくれた家族、今までいろんな形でサポートしてくれたたくさんの人たちに、改めて感謝の気持ちを。心配や迷惑をいっぱいかけているかもしれないけれど……、豆ずきんをほしいと言ってくれる人が一人でもいるかぎり、私、豆ずきん作家、辞められへんわ！

だって、私にとって、豆ずきんをつくることが一番の幸せなんやもん！

チーム「水玉」のみなさん

5人5色なキャラクターでいろいろ遊んでくれました。実は兄弟ではなく、いとこ同士。

p26,33,38,39,73,79,81,86

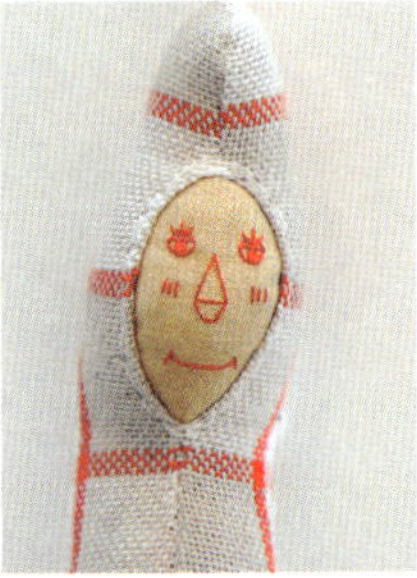

ロッタさん

その優しいオーラのおかげで、何度となく癒されてきました……。豆ずきんモデル一の癒し系です。

p84,85

ハナコちゃん

表紙を飾ってくれた彼女の、あの上目遣いの目線には一同ノックアウト！　心奪われました……。

p83

豆ずきん少年野球団

野球が大好きなちびっ子４人組。けれど４人じゃ野球できません！只今メンバー募集中。

p25,27,32,76

学くん

真面目な文学青年の彼だけど、いつもついつい寄り道してしまうのが玉にキズ。現在片思い中。がんばれよ！

p46～51,72,74

ケイタくん

少しはずかしげに寄り添っていたバス停での一コマ。あかねちゃんを大事にするんだぞ！

p24

あかねちゃん

バス停で素敵な2ショットは、ほんと胸キュンでした！
いつまでも仲良くね〜。

p24

徳三さん

豆ずきんモデルの中でも一番の古株。さすがにその貫禄がありますね。おひげが自慢の紳士です。

p24,30,31

マオくん

「マオ」とはタイ語で「酔う」という意味。どうかあまり飲みすぎないようにね。

p36

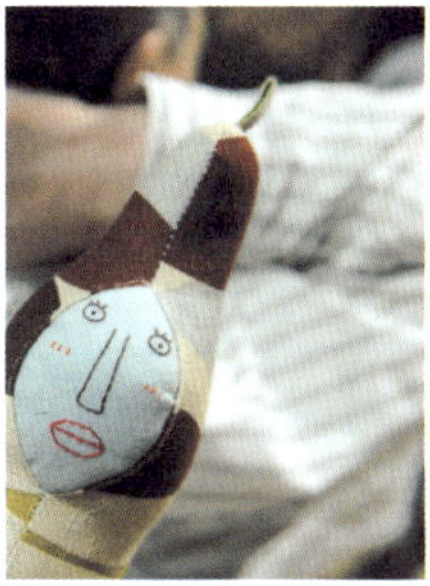

元木さんちのデカずきん

カメラマンの元木さんちの人気者。デカいです。今回友情出演してくれました。

p34,35,37,82

イメルダさん

一見怖そうなマダムだけれど、今回はおちゃめなところも見せてくれました。

p24,28,29,77,78

バナーヌさん

おすまし顔でありながら、じつはとってもしっかり者。いろんなところに目が行き届く、おねえさん的存在。

p75,80

マリアさん

赤いほっぺがチャームポイント。マリアさんはクリスマス生まれ。ヒイラギ柄の衣装が素敵でしょ？

p87

Special thanks to

雑貨店カナリヤ　トノイケミキさん　BOBBiN ROBBiN　イトウヒロコさん
長谷雅子さん　山本ジローさん　Piccolo…　八十原いずみさん　榊健先生
豆親のみなさん　豆ずきん取扱店のみなさん

豆ずきん読本

2006年9月15日第1刷発行

著者　髙田テルヨ

発行者　内山正之

発行所　有限会社西日本出版社

〒564-0044 大阪府吹田市南金田1-8-25-402
営業・受注センター
〒564-0044 大阪府吹田市南金田1-11-11-202
TEL 06-6338-3078　FAX 06-6310-7057
http://www.jimotonohon.com/
郵便振替口座番号 00980-4-181121

編集　髙瀬桃子（桃夭舎）

装幀　納谷衣美

イラスト　北野久美

撮影　元木梨佐　髙田テルヨ

撮影協力　喫茶ギャラリー mizuca

印刷・製本　モリモト印刷

ISBN 4-901908-22-7 C0077

定価はカバーに表示してあります。
乱丁落丁は、お買い求めの書店名を明記の上、小社受注センター宛にお送り下さい。
送料小社負担でお取り替えさせていただきます。

おまけ

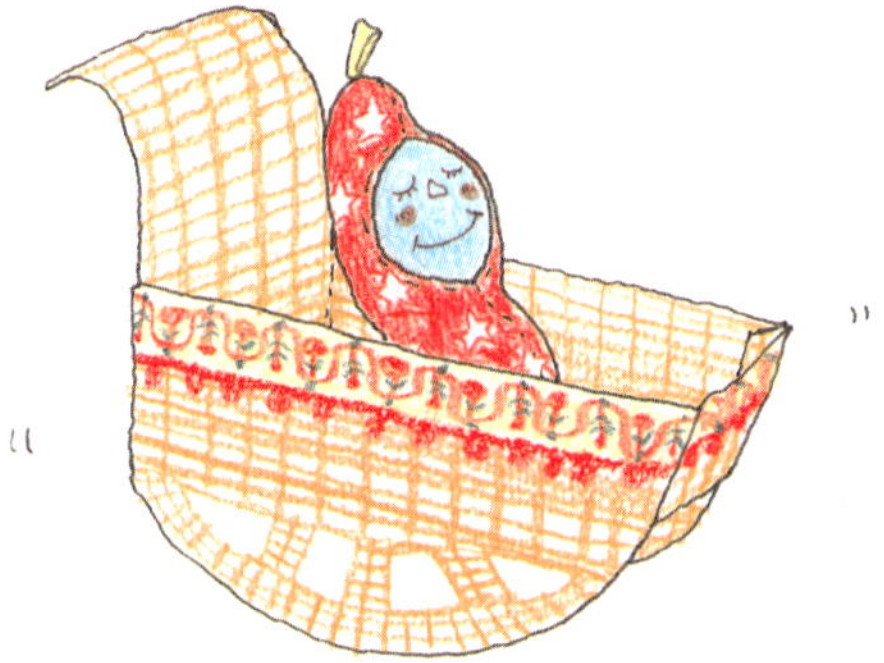

豆ずきんゆりかごを作ってみよう！

豆ずきんせんよう

ゆりかごのつくりかた♪

はさみで —— きりとり線にそって切る。

------ 山おり線にそって山おり。 のりなどで はりつける。

—— きりとり線

------ 山おり線

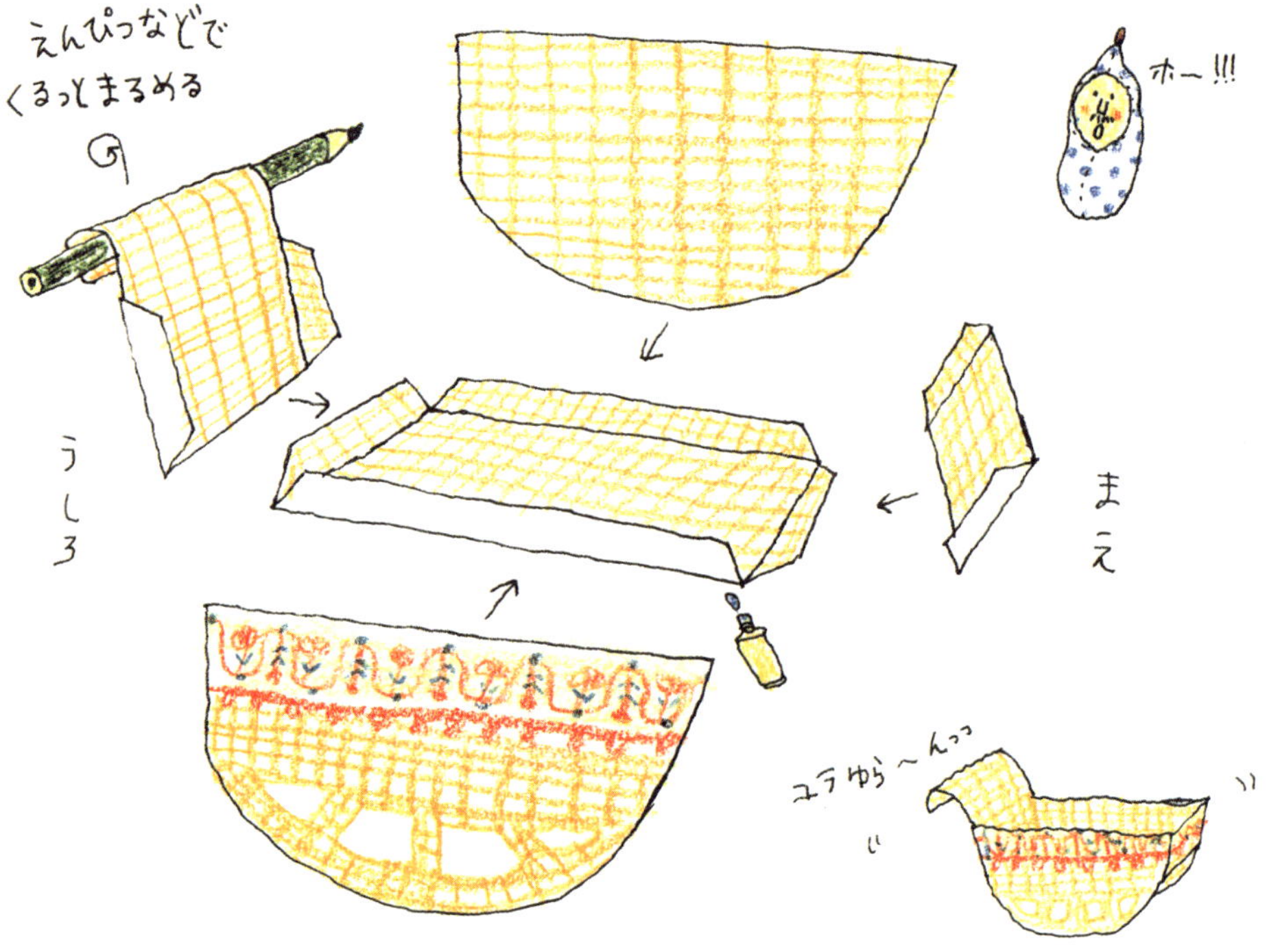

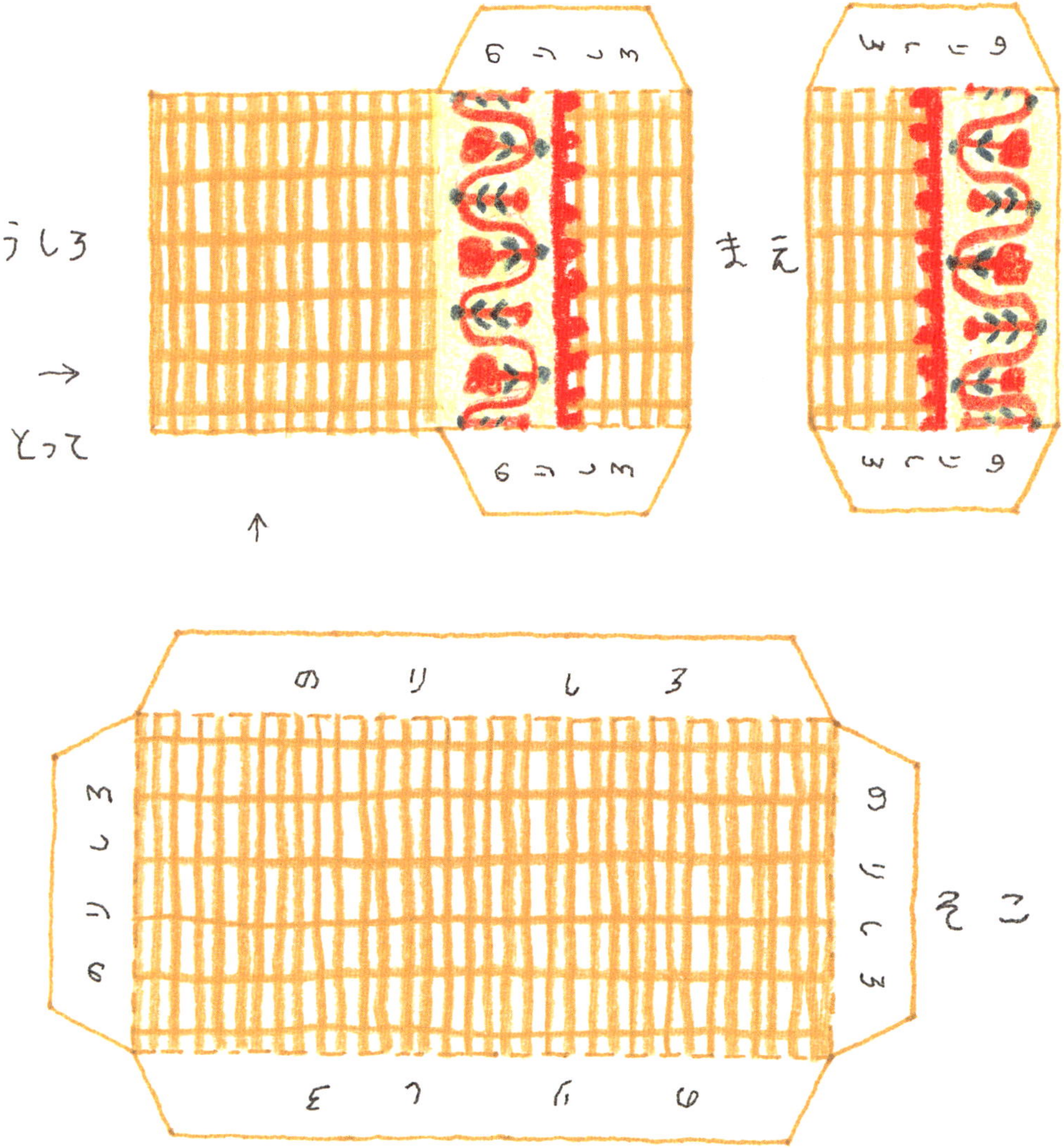
うしろ
とって
まえ
そこ
のりしろ

うしろ
まえ
そくめん

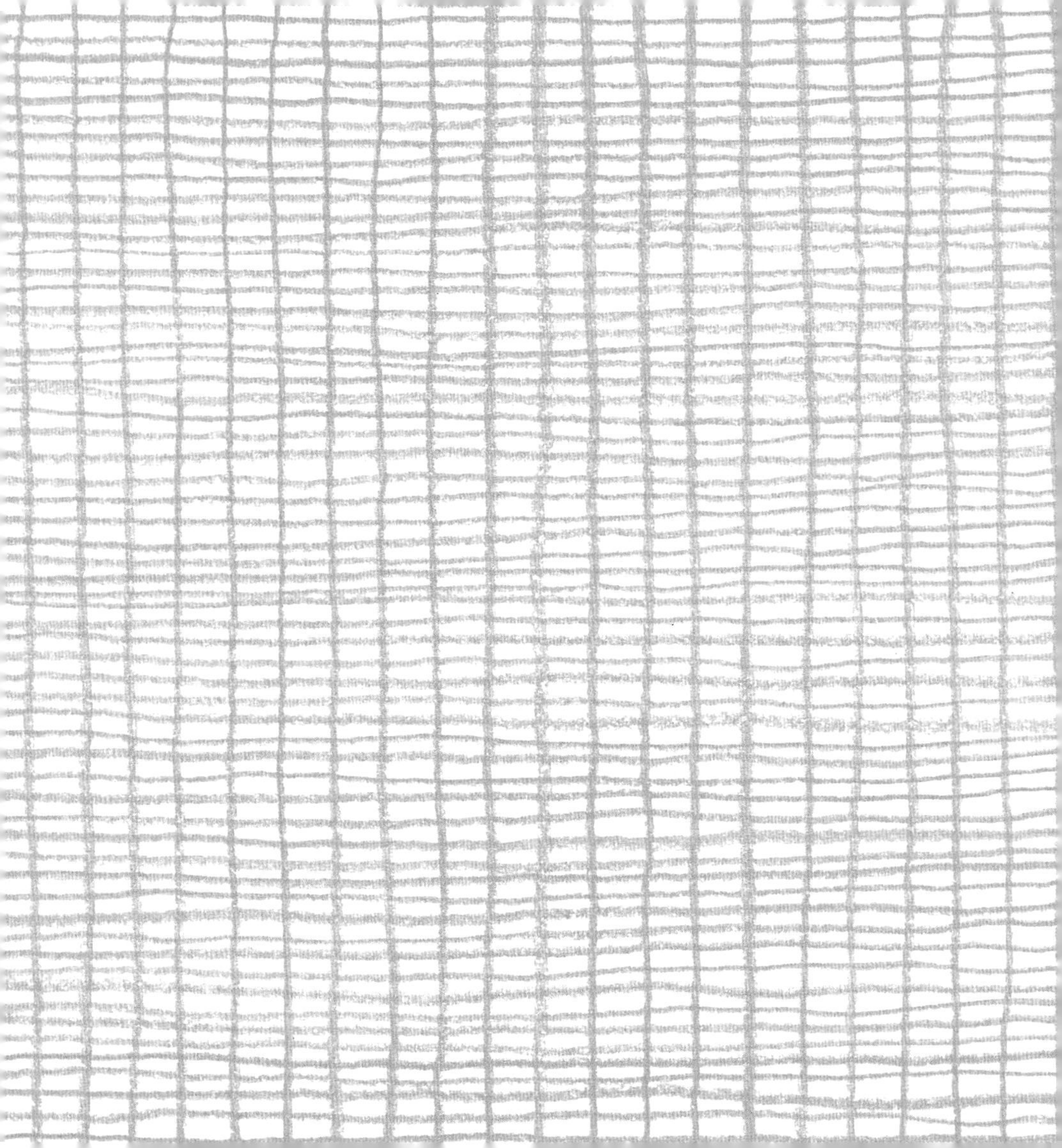